Jo-Jo

Lesebuch 3

Arbeitsheft
Lesestrategien

Erarbeitet von
Martin Wörner

Unter Mitwirkung von
Katja Eder
Tanja Glatz
Erna Hattendorf

Jo-Jo

Lesebuch 3

Arbeitsheft
Lesestrategien

Erarbeitet von	Martin Wörner
Unter Mitwirkung von	Katja Eder, Tanja Glatz, Erna Hattendorf
Redaktion	Birgit Waberski, Susanne Dahlbüdding
Illustrationen	Lars Baus
Umschlagillustration	Sylvia Graupner
Gesamtgestaltung und technische Umsetzung	Heike Börner

www.cornelsen.de

Die Links zu externen Webseiten Dritter, die in diesem Lehrwerk angegeben sind, wurden vor Drucklegung sorgfältig auf ihre Aktualität geprüft. Der Verlag übernimmt keine Gewähr für die Aktualität und den Inhalt dieser Seiten oder solcher, die mit ihnen verlinkt sind.

1. Auflage, 1. Druck 2012

Alle Drucke dieser Auflage sind inhaltlich unverändert
und können im Unterricht nebeneinander verwendet werden.

© 2012 Cornelsen Verlag, Berlin

Das Werk und seine Teile sind urheberrechtlich geschützt.
Jede Nutzung in anderen als den gesetzlich zugelassenen Fällen bedarf
der vorherigen schriftlichen Einwilligung des Verlages.
Hinweis zu §§ 46, 52a UrhG: Weder das Werk noch seine Teile dürfen ohne eine
solche Einwilligung eingescannt und in ein Netzwerk eingestellt oder sonst
öffentlich zugänglich gemacht werden.
Dies gilt auch für Intranets von Schulen und sonstigen Bildungseinrichtungen.

Druck: Himmer AG, Augsburg

ISBN 978-3-06-082627-8

 Inhalt gedruckt auf säurefreiem Papier aus nachhaltiger Forstwirtschaft.

Inhalt

Leseübungen

Detektiv Schnurr auf der Spur Häufige Wörter und Wortteile wiedererkennen	4
Zirkuszauber Verstehen von Zusammenhängen: Hypothesen bilden	6

Lesestrategien

Der große Tier-Report: Die Kämpfer mit den Scherenhänden	8
Apfeltaschen Texte besser verstehen: Überschriften und Bilder nutzen	9
Ein leckeres Pulver Texte besser verstehen: sich einen Überblick verschaffen	10
Busfahrt	12
Wer ist wer? Texte besser verstehen: wiederholtes Lesen	13
Der Natur abgeguckt Texte besser verstehen: unbekannte Wörter klären	14
Noahs Taube	16
Der Löwe und die Maus Texte besser verstehen: einen Text in Abschnitte einteilen	18
Alles über Tracy Texte besser verstehen: W-Fragen zu Texten stellen	20
Eine Sommerüberraschung	22
Die Waldameise, eine ausgezeichnete Baumeisterin Texte besser verstehen: wichtige Wörter markieren	24

Textgattungen

Märchen	26
Gelungener Start der „Solar Impulse" Textarten erkennen: Märchen und Berichte	29

 leicht mittel schwer

Ausführliches Inhaltsverzeichnis: Seite 30–32

Häufige Wörter und Wortteile wiedererkennen

1 Unterstreiche die Wörter, in denen du `schm`, `schn`, `schl` und `schw` findest.

Der schlampige Gauner Josef Schnarch
schleicht durch die Gassen. Er hat es auf Schmuckstücke
und Uhren abgesehen. Im Schaufenster von Julius Schmack
sieht er eine besondere Uhr. Glitzernde Edelsteine
schmücken das schwarze Armband.
Er schlendert unauffällig zur Scheibe, schlägt sie ein
und greift sich die Uhr. Doch Schmacks Hund Schlingel
rast aus dem Laden und schnappt den Dieb am Bein.
Vor Schreck lässt der die Uhr fallen.
Kurz darauf wird Schnarch von der Polizei verhaftet.

2 Suche die Wörter im Wörterteppich. Schreibe auf, wie oft du sie gefunden hast.

LupefbaSdHundfihGBleistiftBlafglTaschenlampekVogLaFotoiLst
KlavHandymiNotizblockDrHundLupesofKjSchlapphutNajAFotokl
NotizblockaTaschenlampeztkOlmBleistiftSchlapphutunHoFotomo
ObsatkKlimNghilSchlapphutjlgfrezHundmiwzKilakfTaschenlampe

Lupe: _____   Hund: _____   Bleistift: _____   Schlapphut: _____

Taschenlampe: _____   Foto: _____   Handy: _____   Notizblock: _____

Leseübungen

3 Lies den Text. Markiere alle schn , schl , schw , schr .

Detektiv Schnurr auf der Spur

Unter seinem schwarzen Hut ist Detektiv Schnurr ganz verschwitzt.
Er muss einen schwierigen Fall lösen. Holger Schmalz vermisst
eine wertvolle, mit Gold beschlagene Uhr. Der Schreibtisch,
auf dem sie lag, ist leer. Schnurr hat keine Fingerabdrücke gefunden.
5 Und auch sein Hund Schlappohr hat nichts erschnüffelt.
Merkwürdig!
Der Detektiv denkt noch einmal scharf nach:
Die Haustür war abgeschlossen, es gibt
keine Einbruchspuren, und nichts anderes fehlt.
10 Selbst der Geldschrank ist unversehrt.
Wie kann das sein? Entschlossen betrachtet
Schnurr mit einer Lupe noch einmal
die Fotos des Tatorts.
Da weiß er plötzlich, wo die Uhr zu finden ist.

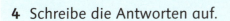

4 Schreibe die Antworten auf.

Wie oft steht der Name „Schnurr" im Text? _____ -mal

In welcher Zeile stehen diese Wörter?

Fingerabdrücke: Zeile _____   verschwitzt: Zeile _____

Gold: Zeile _____   Schlappohr: Zeile _____   Geldschrank: Zeile _____

Wer hat die Uhr gestohlen? _____

Leseübungen

Verstehen von Zusammenhängen: Hypothesen bilden

1 Wie kann es weitergehen?
Kreuze die passenden Fortsetzungen an.

Heute Nachmittag gehen wir in den Z★✦,

    ich freue mich schon auf die Akrobaten.

    ich mag Fußball so.

Ein berühmter Z★✦erer tritt im Zirkus auf.

    Seine Clownsnase ist rot.

    Er lässt Tiere verschwinden.

2 Wie kann es weitergehen?
Kreuze **alle** passenden Fortsetzungen an.

Der Zauberer hält einen kleinen Käfig hoch
und wirft ein T★✦ darüber.

    Er zieht das Tuch weg, da hockt ein Huhn im Käfig.

    Als er das Tuch wegzieht, sitzt ein riesiger Löwe im Käfig.

Aus seinem Zylinder zaubert er drei weiße K★✦chen hervor.

    Es hüpft ganz aufgeregt in der Manege herum.

    Er setzt sich den Zylinder wieder auf den Kopf.

Der Zauberer verbeugt sich, und die Zu★✦ klatschen.

    Er winkt den Zuschauern zu.

    Nach dem Auftritt verschwinden sie hinter dem Vorhang.

    Da gibt der Zauberer noch eine Zugabe.

Leseübungen

3 Wie kann es weitergehen?
Kreuze **alle** passenden Fortsetzungen an.

Ein Mädchen soll in eine große Ki★★ klettern.
Dann sticht der Zauberer zwei Schwerter in die K★★.

☐ Die Zuschauer haben Angst um das Mädchen.
☐ Die Zuschauer haben Angst um die Mädchen.
☐ Sie öffnet die Kisten wieder: Sie ist leer,
nur die Schwerter stecken darin!
☐ Er öffnet die Kiste wieder: Sie ist leer,
nur die Schwerter stecken darin!

Der Zauberer schwingt den Z★★st★★.
Dann zieht er die Schwerter mit einem Ruck heraus.

☐ Jetzt springen auf einmal zwei Mädchen aus der Kiste.
☐ Jetzt springt plötzlich ein Hund aus den Kisten.
☐ Der Trick ist gelungen, und sie verbeugen sich.
☐ Die Tricks sind gelungen, und er verbeugt sich.

Am Ende der Vor★★ gibt es einen lauten Kn★★,
und Rauch quillt in die Manege.

☐ Als die sich verzieht, ist der Zauberer verschwunden.
☐ Als der sich verzieht, ist der Zauberer verschwunden.
☐ Die Zuschauer jubeln begeistert und riefen „Bravo".
☐ Die Zuschauer jubeln begeistert und rufen „Bravo".

Leseübungen 7

Texte besser verstehen: Überschriften und Bilder nutzen

- Lies zuerst die Überschrift.
- Schau dir die Bilder an.
- Vermute, worum es in dem Text geht.

1 Worum könnte es in dem Text gehen? Schreibe deine Vermutung auf.

2 Hier haben andere Kinder vermutet, worum es geht. Welche Vermutungen passen? Male die Sprechblasen an.

Da geht's um einen Superhelden, der seine Hände in Scherenhände verwandeln kann!

Ich glaube, es geht um Krebse oder Krabben.

Es geht bestimmt um Tiere, die gegeneinander kämpfen.

Vielleicht geht es um Krieger, die Scheren als Waffen benutzen?

Lesestrategien

3 Worum könnte es in dem Text gehen? Schreibe deine Vermutung auf.

Apfeltaschen

4 Lies den Text. Welche Informationen erhältst du durch Bild und Überschrift? Welche Informationen erhältst du nur durch den Text? Markiere farbig.

Darf denn jeder seine Äpfel herumliegen lassen? Wenn Pferde ihre Äpfel fallen lassen, macht das nicht so viel aus. Es gibt nicht mehr so viele Pferde und Pferdekot ist schließlich nicht so eklig wie die Haufen, die viele Hunde jeden Tag in den Straßen hinterlassen. Aber in manchen großen Städten, wie Wien, Salzburg oder Rom, sind viele Besucher gerne in Pferdekutschen unterwegs. Und wo viele Pferde sind, da ist auch viel Pferdemist! Deshalb müssen die Kutscher dafür sorgen, dass die Pferdeäpfel nicht auf der Straße landen. In manchen Städten müssen Kutscher die Pferdeäpfel beseitigen. Es gibt spezielle Taschen, die die Pferdeäpfel auffangen. Die Äpfel fallen von oben in die Taschen hinein. In den großen Städten fahren vor allem die Touristen mit den Kutschen.

Texte besser verstehen: sich einen Überblick verschaffen

- Verschaffe dir einen Überblick über den Text.
- Schau dir die Bilder an.
- Vermute, worum es in dem Text geht.

1 Lies Sätze vom Anfang, aus der Mitte und vom Ende des Textes. Worum geht es? Kreuze an.

Experimente mit Brausepulver   Rezepte aus grünen Bohnen

Die Herstellung von Kakao   Baumblüten

Ein leckeres Pulver

Woher kommt das Kakaopulver für den Kakao? Kakaopulver wird aus den Samen des Kakaobaumes gemacht. Diese Bäume wachsen nur in Ländern, in denen es sehr warm und feucht ist. Solche Länder findet man rings um den Äquator, zum Beispiel in Südamerika oder Afrika.

An sich schmecken die Kakaosamen gar nicht gut. Sie sind sogar richtig bitter. Diese Samen, man nennt sie auch Bohnen, stecken im Fruchtfleisch der Kakaofrüchte. Die Bohnen werden getrocknet, geschält, geröstet und gemahlen.

Dann kommt noch Zucker dazu. Fertig ist das Kakaopulver, aus dem du zu Hause mit Milch oder Wasser deinen Kakao machen kannst!

Lesestrategien

2 Lies Sätze vom Anfang, aus der Mitte und vom Ende des Textes.
Schreibe auf, welche Informationen du erfahren hast.

3 Welche Fragen kannst du beantworten, wenn du nur
die Sätze vom Anfang, aus der Mitte und vom Ende liest?
Für welche Fragen musst du den Text ganz lesen?
Kreuze an.

	Überblick verschaffen	ganz lesen
Wie schmecken die Baumsamen?		
Wie wird Kakaopulver hergestellt?		
Was passiert mit den Bohnen?		
Welche Zutaten brauchst du für Kakao?		

Lesestrategien

Texte besser verstehen: wiederholtes Lesen

• Wenn du etwas nicht verstanden hast,
lies den Abschnitt oder den ganzen Text noch einmal.

 1 Verbinde jedes Mädchen mit seinem Haustier.

Sophie, Emily und Amanda lieben Tiere. Jede von ihnen hat ein Haustier. Zusammen sind das ein Wellensittich, ein Hamster und ein Kaninchen. Lucas möchte wissen, wem welches Tier gehört. Aber die drei Freundinnen machen es ihm nicht leicht.

 2 Lies den Text. Markiere die Stellen, die dir beim Lösen der Aufgabe helfen.

Busfahrt

Im Bus sitzen nur zwei Personen. Der Bus hält an der ersten Station. Vier Leute steigen ein, aber niemand verlässt den Bus. An der zweiten Haltestelle kommen einundzwanzig dazu, dreizehn steigen aus. Am Odeonplatz verlässt niemand den Bus, aber dreizehn Leute steigen ein. An der Universität strömen dann achtzehn hinaus, niemand steigt ein. An der Endhaltestelle verlassen schließlich die letzten Passagiere den Bus.

Wie oft hat der Bus gehalten? _____-mal

Lesestrategien

3 Lies den Text. Ergänze die Tabelle.

Wer ist wer?

Nach den Ferien besuchen drei neue Kinder die Klasse. Sie kommen aus verschiedenen Städten und haben an unterschiedlichen Tagen Geburtstag.
Wie heißen die drei, aus welcher Stadt kommen sie und wann ist ihr Geburtstag?

Franzi kommt nicht aus Hamburg.
Der Junge, der am 27. März Geburtstag hat, kommt aus Dresden.
Hannah hat am 5. Oktober Geburtstag.
Jonas hat im Frühling Geburtstag, zwei Tage nach einem neuen Mädchen.
Das Mädchen aus Hannover hat nicht im Herbst Geburtstag.

Name	Stadt	Geburtstag

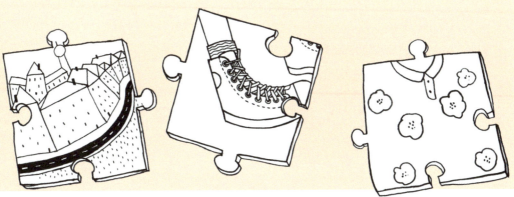

Lesestrategien

Texte besser verstehen: unbekannte Wörter klären

- Suche im Text nach einer Erklärung.
- Schlage in einem Lexikon nach.
- Schau dir das Bild an.
- Frage andere Kinder oder Erwachsene.

Der Natur abgeguckt

Viele Erfindungen, die wir täglich nutzen, sind der Natur abgeschaut. Tiere und Pflanzen besitzen oft Eigenschaften, die uns zum Staunen bringen. Forscher versuchen, solche Vorbilder zu nutzen. Diese Wissenschaft nennt man ==Bionik==.
5 Das Wort ist zusammengesetzt aus Biologie (= die Lehre vom Leben) und Technik. So entstehen nach dem Vorbild der Natur künstliche Dinge, die uns das Leben erleichtern. Zum Beispiel der Klettverschluss. Wenn der Schweizer Ingenieur Georges de Mestral mit seinen Hunden spazieren
10 ging, blieben immer wieder Früchte der Großen Klette im Fell der Hunde hängen. Unter dem Mikroskop entdeckte der Ingenieur, dass diese Früchte winzige Häkchen tragen, die auch beim gewaltsamen Entfernen der Früchte aus Haaren oder Kleidern nicht abbrechen. Da kam ihm
15 die Idee für den Klettverschluss.

Ein anderes Beispiel sind Schwimmflossen, die von den Schwimmfüßen der Enten und Gänse abgeguckt sind. Viele Innovationen würde es ohne diese Wissenschaft nicht geben.

1 Lies den Text. Markiere die unbekannten Wörter. Aus welchen Wörtern setzt sich Bionik zusammen? Suche die Erklärung im Text und schreibe sie auf.

(Zeile _____)

Lesestrategien

2 Lies den Text und lies die Lexikonartikel.
Welche Wörter aus dem Text werden hier erklärt?

Pflanze, wächst an Wegrändern, auf Feldern oder Äckern.
Die Blüten sind kugelförmig und rot bis lilafarben.
An den Früchten befinden sich kleine Häkchen.
Sie bleiben im Fell von Tieren hängen, die vorbeistreifen.
Auf diese Weise verbreiten sich die Samen.

Vergrößerungsgerät, macht mit Hilfe von Glaslinsen Dinge sichtbar, die so klein sind, dass das menschliche Auge sie normalerweise nicht sehen kann.

Technischer Beruf

 3 Lies den Text. Am Ende steht ein Fremdwort. Markiere es.
Wie kannst du herausfinden, was es bedeutet?
Schreibe zwei Möglichkeiten auf.

Das Wort bedeutet:

Lesestrategien 15

Texte besser verstehen: einen Text in Abschnitte einteilen

- Teile den Text in Abschnitte ein.

Noahs Taube

Als die große Sintflut kam, baute Noah
ein riesiges Schiff, die Arche.
Alle Tiere der Erde versammelten sich.
Die Tiere hatten große Furcht.
5 Sie hatten gehört, Noah würde nur
die Besten von ihnen mitnehmen.
Da begann ein Wettstreit zwischen ihnen.
„Ich bin der Stärkste", brüllte der Löwe.
„Dafür bin ich der Größte", trompetete der Elefant.
10 „Unwichtig", japste der Fuchs. „Ich bin der Klügste!"
„Aber ich lege Eier", gackerte das Huhn.
„Milch ist noch wichtiger!", muhte die Kuh.
So stritten die Tiere miteinander.
Noah aber fiel auf, dass die Taube schweigsam
15 auf einem Zweig hockte.
„Warum bist du so still?", fragte Noah sie.
„Hast du denn gar nichts Besonderes an dir?"
„Doch", gurrte die Taube, „aber darum bin ich nicht besser,
oder klüger oder schöner als die anderen."
20 „Die Taube hat Recht", sagte Noah. „Hört auf zu prahlen
und zu streiten. Ich werde euch alle in die Arche aufnehmen."

Isaac Beshevis Singer

1. Teile den Text in drei Abschnitte ein. Umrande die Abschnitte mit unterschiedlichen Farben.

2. Ordne den drei Abschnitten die Überschriften zu. Markiere sie in derselben Farbe.

   Der Streit der Tiere   Zeile _____ bis _____

   Angst vor der Flut   Zeile _____ bis _____

   Die kluge Taube   Zeile _____ bis _____

Lesestrategien

Texte besser verstehen:
einen Text in Abschnitte einteilen

Der Löwe und die Maus

Ein Löwe schlief und merkte nicht, dass um ihn herum
einige Mäuse spielten. Eine unvorsichtige Maus lief
über das schlafende Tier. Der Löwe erwachte und packte sie
mit seinen gewaltigen Tatzen, um sie zu zerreißen.
„Hilfe, Hilfe", rief das Mäuschen. „Ich habe dich nicht stören wollen.
Schenke mir die Freiheit, dann kann ich dir auch einmal helfen,
wenn du in Not bist."
Der Löwe musste über die ängstliche Maus lachen.
Großmütig schenkte er ihr das Leben und dachte bei sich,
wie ein so kleines Tier einem starken Löwen wohl helfen könne.
Etwas später hörte die Maus in ihrem Mauseloch
den Löwen laut brüllen. Neugierig lief sie zu ihm und sah,
dass er in eine Falle geraten war. Er hatte sich
in einem Netz verfangen und konnte sich nicht befreien.
Der Löwe brüllte laut, da er wusste, dass er verloren war.
„Hab keine Angst", sprach die Maus. „Ich helfe dir."
Fleißig zernagte sie einige Knoten, bis sich der Löwe befreien konnte.
So vergalt die Maus die ihr erwiesene Großmut.

nach Äsop

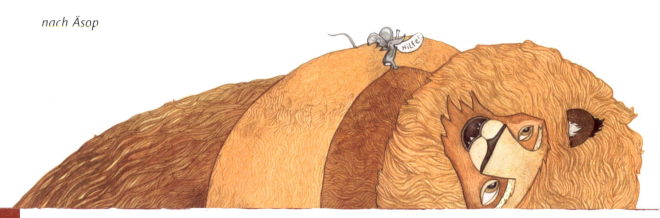

1 Lies den Text. Teile ihn in Abschnitte ein.
Wie viele Abschnitte findest du? Diese Fragen helfen dir:
Was passierte zuerst?
Was passierte dann?
Was passierte später?
Umrande die Abschnitte mit unterschiedlichen Farben.

2 Lies den Text. Teile ihn in Abschnitte ein.
Schreibe für jeden Abschnitt eine Überschrift auf.

Zeile __1__ bis _____:

Lesestrategien

Texte besser verstehen: W-Fragen zu Texten stellen

- Stelle W-Fragen an den Text:
  Wer? Was? Wann? Warum? Wo? Wie?

Alles über Tracy

Mein Name ist ==Tracy Baker==.
Ich bin 10 Jahre und 2 Monate alt.
Mein Geburtstag ist ==am 8. Mai==. Es ist unfair, weil
der Blödmann Peter Ingham dann auch Geburtstag hat.
5   Wir haben also nur ==einen Kuchen== für uns beide bekommen.
Und wir mussten beide das Messer halten, um den Kuchen
zusammen anzuschneiden. Das heißt, dass jeder nur einen
halben Wunsch hatte. Wünsche sind sowieso was für Babys.
Wünsche gehen nicht in Erfüllung.
10 Mein Geburtsort ist irgendein Krankenhaus irgendwo.
Ich sah niedlich aus, als ich ein kleines Baby war, aber ich
habe bestimmt viel gebrüllt.
Ich bin _____cm groß. Ich weiß es nicht. Ich habe versucht,
mich mit einem Lineal zu messen, aber es wackelt immer
15 herum, wenn ich es über meinem Kopf an die Wand halte.
Ich will nicht, dass mir die anderen Kinder helfen.
Dieses Buch ist für mich ganz allein. Niemand soll wissen,
was ich reinschreibe.

Tracy würde gerne ein richtiges Zuhause mit einer richtigen
20 *Familie haben. Aber bis dahin versucht sie, es sich*
im Kinderheim so angenehm wie möglich zu machen.
Und das ist manchmal gar nicht so einfach.

Jacqueline Wilson

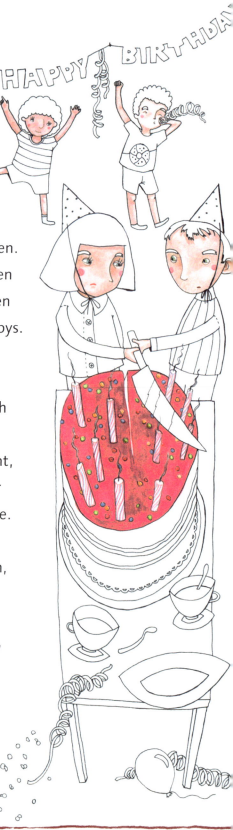

Lesestrategien

1 Lies den Text. Schreibe zu den markierten Stellen W-Fragen auf.

Wer _____ ?

Wann _____ ?

Was _____ ?

2 Lies den Text von Zeile 1 bis Zeile 12. Überlege dir W-Fragen dazu und schreibe sie auf. Markiere die passenden Antworten im Text.

Wer _____ ?

Was _____ ?

Wo _____ ?

3 Lies den Text. Schreibe W-Fragen für das Ende der Geschichte auf. Markiere die Antworten im Text.

Lesestrategien

Texte besser verstehen: wichtige Wörter markieren

• Finde die wichtigen Wörter in jedem Abschnitt.

Eine Sommerüberraschung

An einem heißen Sommertag gehen Ulrike und Ulli
mit ihren Eltern ins Schwimmbad.
Vater, Ulrike und Ulli gehen ins Wasser.
„Brr, ist das kalt!", ruft Ulli. Sie spielen und planschen.
5 Als sie aus dem Wasser kommen, spritzen sie Mutter nass.

Dann spielen sie zusammen Fangen.
Der Nachmittag ist schnell vorbei.
„Gut abtrocknen", sagt Vater, „sonst erkältet ihr euch."
„Die Haare können wir doch von der Sonne trocknen lassen!",
10 ruft Ulli.
„Nein, die Haare werden abgetrocknet.
Und die nassen Badehosen ausziehen!", bestimmt Mutter.

Auf dem Heimweg fängt es plötzlich an zu regnen. Es regnet so heftig,
dass alle Kleider ganz nass werden. Endlich sind alle zu Hause
15 angekommen. Ihre Haare tropfen vor Nässe. Ulrike lacht und sagt:
„Da hätten wir ja gleich die nassen Sachen anbehalten können."
„Und die Haare hätten wir auch nicht abzutrocknen brauchen",
sagt Ulli. Er schüttelt lachend seinen Kopf, dass die Wassertropfen
durch die Wohnung spritzen.

Knister und Paul Maar

Lesestrategien

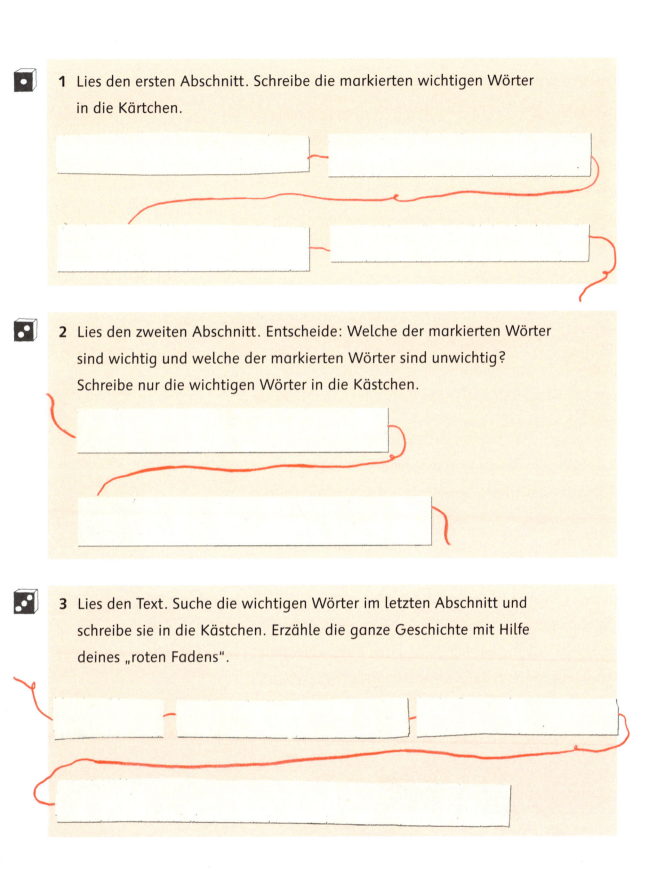

Texte besser verstehen: wichtige Wörter markieren

Die Waldameise, eine ausgezeichnete Baumeisterin

Bestimmt habt ihr auf einer Waldlichtung schon einmal einen Ameisenhügel gesehen: einen ==Haufen aus Tannennadeln==, ==feinen Ästchen== und ==Erdkrümeln==, der in seiner Form der ==Kuppel== einer Kirche ähnelt. Hunderte flinker
5 kleiner Ameisen wuseln scheinbar ziellos über ihn hinweg. Der Bau kann ==bis zu 1,5 m hoch== werden und reicht oft bis ==2 m tief in die Erde== hinein.

Ameisen besitzen einen Panzer aus Chitin, einem sehr harten Stoff. Sie haben sechs Beine und ihr Leib ist
10 in drei Teile gegliedert: Kopf, Brust und Hinterleib. Am Kopf haben sie außer den zwei Fühlern auch noch kräftige Beißwerkzeuge.

Es gibt bei Ameisen nur eine Königin, die Eier legt. Arbeiterinnen füttern den Nachwuchs, machen Beute
15 und kümmern sich um den Bau. Sie kennen anscheinend keine Pausen, deshalb gelten sie als besonders fleißig. Außerdem sind Ameisen sehr stark. Sie können ein Vielfaches ihres eigenen Körpergewichtes tragen.
Waldameisen sind für den Wald besonders nützlich,
20 da sie Schädlinge beseitigen und den Boden belüften. Sie stehen deshalb auch unter strengem Naturschutz.

Lesestrategien

1 Lies den Text. Beschreibe den Ameisenhügel mit den wichtigen Wörtern, die im ersten Abschnitt markiert sind.

Der Ameisenhügel

2 Lies den Text. Schreibe in die Kärtchen die wichtigen Wörter, mit denen du das Aussehen einer Ameise gut beschreiben kannst.

3 Lies den Text. Markiere die wichtigen Wörter.

Lesestrategien   25

Textarten erkennen: Märchen

Märchen sind Erzählungen, die oft schon sehr alt sind.
Früher hat man sie mündlich weitererzählt.

- Oft beginnen Märchen mit Es war einmal …
  und enden mit … und wenn sie nicht gestorben sind.

- Häufig gibt es darin Sprüche.

- In Märchen gibt es oft Zauberwesen, Riesen und Zwerge
  und sprechende Tiere oder besondere Gegenstände.

- Durch Wünschen oder Zaubern passieren oft
  unmögliche Dinge oder Verwandlungen.

- Oft spielen die Zahlen 3, 7 oder 13 eine wichtige Rolle.

- Die Helden oder Heldinnen in Märchen müssen oft
  Aufgaben lösen oder Prüfungen bestehen.

- Oft gehen die Märchen gut aus.

Schneewittchen   Dornröschen   Tischlein deck dich

Textgattungen

1 Betrachte die Bilder. Schreibe die Märchenfiguren, die Märchenzahlen und die besonderen Gegenstände auf.

Figuren:

Zahlen:

Gegenstände:

2 Lies die Texte. Markiere alle Märchenfiguren, alle Märchenzahlen und alle besonderen Gegenstände, die darin vorkommen.

„Spieglein, Spieglein an der Wand, wer ist die Schönste im ganzen Land?" Schneewittchen hinter den sieben Bergen bei den sieben Zwergen war die Allerschönste.

12 Feen waren eingeladen, aber die 13. Fee nicht! Deswegen stach sich Dornröschen an einer verzauberten Spindel und fiel in tiefen Schlaf. Der Prinz musste eine dichte Rosenhecke überwinden.

Es war einmal ein Vater, der hatte drei Söhne. Die zogen in die Welt. Einer bekam einen Tisch, der sich selbst mit Speisen deckte, der andere einen Goldesel und der nächste einen Knüppel-aus-dem-Sack.

 3 Lies die Texte. Welche Märchen-Hinweise entdeckst du in den Ausschnitten? Kreuze sie auf Seite 26 an.

Textgattungen

Textarten erkennen: Berichte

Berichte informieren über etwas, das passiert ist, oder über etwas, dass jemand erlebt hat.
- Berichte geben immer Antworten auf W-Fragen: Wer? Wo? Was? Wann? Wie? Warum?
- Berichte stehen in Zeitungen und Zeitschriften.

1 Welcher Textausschnitt gehört zu einem Bericht? Kreuze an.

Lucas hat sich das Gesicht abgewischt und gesagt: „Igitt!" Sophie musste so lachen, dass sie ihr Asthmaspray brauchte.

Gestern Abend kam es in Wilmersdorf zu einem Verkehrsunfall. Ein Autofahrer hatte beim Abbiegen einen Radfahrer übersehen.

Nachdem wir uns mit Broten und Saft gestärkt hatten, gingen wir mit unserem Zooführer zu den Löwen. Das Männchen hatte eine wuschelige Mähne.

Da waren Blätter, grün an grün, und grün an grün nur Blätter. Die Amsel nach des Tages Müh'n, sie sang ihr Abendlied gar kühn. Und auch bei Regenwetter.

Textgattungen

2 Lies den Bericht. Unterstreiche darin die Antworten auf die W-Fragen farbig:
Wann? Was? Wo? Wer? Wie? Warum?

Gelungener Start der „Solar Impulse"

Freitag, der 13. Mai war im Jahr 2011 kein Unglückstag. Im Gegenteil: Das Solarflugzeug „Solar Impulse", das nur durch Sonnenenergie angetrieben wird, startete ohne Probleme in Payerne in der Schweiz. 13 Stunden später landete Pilot André Borschberg das Flugzeug sicher in der belgischen Hauptstadt Brüssel. Das war der erste Flug eines Solarflugzeuges durch mehrere Länder. Auf den Flügeln sind 12 000 Solarzellen angebracht, die die Energie für vier Elektromotoren liefern. Das Flugzeug erreicht nur eine Geschwindigkeit von etwa 70 Stundenkilometern.

Die Entwickler des Flugzeuges hoffen, dass Flugzeuge irgendwann umweltfreundlich nur mit der Kraft der Sonne Fluggäste transportieren können.

3 Märchen oder Bericht? Setze ein.

_____ wurden früher nur mündlich erzählt.

Im _____ ist nichts ausgedacht.

Sprechende Gegenstände kommen nur in _____ vor.

_____ informieren sachlich.

Meistens haben _____ ein gutes Ende.

Textgattungen

Inhaltsverzeichnis

Leseübungen

Häufige Wörter und Wortteile wiedererkennen 4–5

- schwierige Buchstabengruppen wiedererkennen
- Wortgrenzen erkennen, Wörter wiedererkennen
- schwierige Buchstabengruppen wiedererkennen, Wörter auffinden

Verstehen von Zusammenhängen: Hypothesen bilden 6–7

- Wörter mit fehlenden Buchstaben erkennen, passenden Anschlusssatz finden
- Wörter mit fehlenden Buchstaben erkennen, passende Anschlusssätze finden
- Wörter mit fehlenden Buchstaben erkennen, passende Anschlusssätze aus einer Auswahl finden

Lesestrategien

Texte besser verstehen: Überschriften und Bilder nutzen 8–9

- eigene Vermutungen zu Überschrift und Bild anstellen, andere Vermutungen bewerten
- Überschrift und Bild in Beziehung setzen, Vermutungen anstellen
- Informationsentnahme aus Überschrift/Bild und Text

Texte besser verstehen: sich einen Überblick verschaffen 10–11

- einzelne Sätze lesen, Thema eines Textes erfassen
- einzelne Sätze lesen, Informationen entnehmen
- überblickendes und vollständiges Lesen unterscheiden, Informationen entnehmen

Texte besser verstehen: wiederholtes Lesen — 12–13

- ⚀ durch wiederholtes Lesen einfache Informationen im Text finden, einfache Schlussfolgerungen ziehen
- ⚁ durch wiederholtes Lesen Informationen im Text finden, wichtige von unwichtigen Informationen unterscheiden
- ⚂ durch wiederholtes Lesen Informationen aus dem Text schlussfolgern

Texte besser verstehen: unbekannte Wörter klären — 14–15

- ⚀ Erklärung für unbekanntes Wort im Text auffinden
- ⚁ lexikalische Erklärungen unbekannten Wörtern im Text zuordnen
- ⚂ unbekanntes Wort im Text auffinden und erklären

Texte besser verstehen: einen Text in Abschnitte einteilen — 16–19

- ⚀ Text in Abschnitte einteilen und Überschriften zuordnen
- ⚁ Abschnitte im Text finden
- ⚂ Abschnitte im Text finden, Überschriften finden

Texte besser verstehen: W-Fragen zu Texten stellen — 20–21

- ⚀ W-Fragen zu markierten Antworten im Text vervollständigen
- ⚁ W-Fragen zum Text vervollständigen, Antworten im Text markieren
- ⚂ W-Fragen zum Text formulieren, Antworten im Text markieren

Texte besser verstehen: wichtige Wörter markieren   22–23

- ⚀ wichtige Wörter aus einem Textabschnitt herausschreiben
- ⚁ wichtige Wörter von unwichtigen Wörtern unterscheiden
- ⚂ wichtige Wörter in einem Textabschnitt finden, wichtige Wörter zur Nacherzählung nutzen
- ⚀ wichtige Wörter zur Wiedergabe eines Textes nutzen   24–25
- ⚁ wichtige Wörter zu vorgegebenem Thema in einem Abschnitt finden
- ⚂ wichtige Wörter in einem Text markieren

Textgattungen

Textarten erkennen: Märchen   26–27

- ⚀ einzelne Merkmale von Märchen in Märchenbildern erkennen
- ⚁ einzelne Merkmale von Märchen in Textabschnitten markieren
- ⚂ Merkmale von Märchen in Textabschnitten finden

Textarten erkennen: Berichte   28–29

- ⚀ aus einer Textauswahl Berichte herausfinden
- ⚁ Informationsgehalte von Berichten erkennen
- ⚂ Gattungsmerkmale von Märchen und Berichten unterscheiden

Quellenverzeichnis

S. 8: Willi/Fotolia.com
S. 9: picture-alliance/dpa/dpaweb/Wilhelmer
S. 10: Ein leckeres Pulver (bearb.), aus: Frag doch mal … Das Wissensmagazin mit der Maus Nr. 11/08 S. 5. © Blue Ocean Entertainment AG, Stuttgart 2008
S. 12: Busfahrt (gek.), aus: Birgit Adam: 350 Harte Nüsse für schlaue Köpfe. Weltbild: Augsburg 2000
S. 16: Singer, Isaac Beshevis: Noahs Taube (bearb.), aus: Massel und Schlamassel und andere Kindergeschichten, übersetzt von Hildegart Krahe. Carl Hanser: München 1984
S. 20: Wilson, Jaqueline: Die unglaubliche Geschichte der Tracy Baker (bearb.). Oetinger: Hamburg 2003
S. 22: Knister und Paul Maar: Eine Sommerüberraschung (bearb.), aus: Frühling, Spiele, Herbst und Lieder. C. Dressler Verlag 1999
S. 29: picture-alliance/dpa
Alle anderen Beiträge sind Originalbeiträge.